L'INSTRUCTION POPULAIRE

ET

LE SUFFRAGE UNIVERSEL

PARIS. — IMPRIMERIE DE CH. LAHURE ET C[ie]
Rues de Fleurus, 9, et de l'Ouest, 21

L'INSTRUCTION POPULAIRE

ET

LE SUFFRAGE UNIVERSEL

PARIS

CHEZ LES PRINCIPAUX LIBRAIRES

FÉVRIER 1861

L'auteur de cette brochure n'est ni un écrivain de profession, ni un publiciste. Porté par goût et par état à suivre le mouvement de l'instruction populaire en France, il a depuis plus de trente ans étudié à un point de vue pratique les causes qui en ont retardé jusqu'ici le progrès et les moyens de la faire arriver à son développement légitime.

Une circonstance particulière a donné lieu à la publication de quelques-unes de ses idées sur cette question intéressante.

Un homme d'État éminent, grand jurisconsulte, qui plus qu'un autre peut être frappé des résultats de l'ignorance populaire tels qu'ils sont constatés dans les statistiques de la justice criminelle de notre pays, et qui recherche avec ardeur tous les moyens de la combattre, visitait, il y a quelques semaines, une des grandes imprimeries de Paris. En parcourant l'immense salle où vingt-cinq machines à double ou quadruple puissance reçoivent en blanc et rendent toutes imprimées dans leur mouvement rapide et continu des montagnes de papier, il demandait quel était, en moyenne, le nombre de feuilles imprimées chaque jour dans l'établissement :

« Un nombre équivalent à deux cent vingt kilomètres de longueur, lui répondit-on, soit une bande de papier qui couvrirait le chemin de Paris au Havre.

— L'écoulement est-il en rapport avec une si puissante fabrication ?

— La presque totalité des publications qui sortent de cette imprimerie sont spécialement destinées à l'instruction populaire ; un grand nombre d'autres établissements typographiques à Paris et dans les départements sont dirigés vers le même but ; mais leur production réunie à la nôtre équivaut à peine à la dixième partie des livres qui pourraient être débités en France, si les obstacles administratifs et fiscaux n'entravaient pas les éditeurs.

— Voudriez-vous me rédiger une note sur cette question importante ? Donnez les explications et justifications nécessaires ; elle ne passera pas inaperçue. »

Cet appel fait avec bienveillance et avec le désir sincère de s'éclairer sur la situation intellectuelle du pays a été l'occasion de cet écrit que notre interlocuteur nous a autorisé à communiquer au public.

L'INSTRUCTION POPULAIRE

ET

LE SUFFRAGE UNIVERSEL.

I

Nous avons en France des littérateurs, des savants et des écrivains de tous genres, dont les travaux exercent une influence immense sur le monde entier. Ils ont pour lecteurs un certain nombre d'hommes que leur éducation libérale, leurs goûts particuliers, les nécessités de leur profession ou l'indépendance de leur fortune mettent à même de suivre attentivement le mouvement des lettres, des sciences et des idées, de s'y associer et d'en faire un instrument d'ambition honorable ou de simple jouissance intellectuelle. Mais au-dessous de cette classe qui conserve dans notre pays le dépôt des connaissances humaines, qui travaille à l'augmenter sans cesse ou qui en tire les plus douces satisfactions, il existe une immense population, jusqu'à laquelle n'arrivent que quelques lueurs de cette instruction si éclatante dans la région supérieure. Cependant c'est cette population qui travaille et dont le labeur infatigable enrichit la France, qui alimente les armées, au sein de laquelle se retrempe et se rajeunit sans cesse la classe plus élevée, qui fait les grandes révolutions et qui aujourd'hui est investie du droit redoutable de choisir et d'imposer au pays son chef, son gouvernement, ses représentants au Corps législatif et dans les conseils généraux, les défenseurs de ses intérêts immédiats dans les communes.

II

Il serait intéressant qu'à certaines périodes déterminées, le gouvernement fît dresser une statistique de l'instruction générale du pays.

On y établirait le nombre de catégories nécessaire pour faire connaître les voies intellectuelles où les esprits se sont jetés de préférence, et juger si l'équilibre existe entre tous ces efforts dirigés vers des buts si différents.

La statistique projetée aurait pour objet de faire connaître :

Pour les professions libérales, le nombre des individus qui les exercent;

Pour les autres professions,

1° Le nombre de ceux qui ne savent ni lire ni écrire;

2° Le nombre de ceux qui, ayant appris à lire et à écrire ou à lire seulement, ne tirent aucun parti de ces moyens d'instruction pour leur développement intellectuel;

3° Le nombre de ceux qui lisent effectivement et ont acquis un degré d'instruction plus ou moins avancée;

Pour les enfants des deux sexes, le nombre de ceux qui fréquentent les écoles secondaires et primaires ou sont instruits à domicile, et de ceux qui ne reçoivent aucun enseignement.

Une statistique ainsi dressée ferait connaître la direction donnée aux études diverses, la surabondance ou la pénurie des efforts individuels dans telle ou telle voie, l'ignorance absolue ou partielle d'une partie plus ou moins grande de la population; en un mot l'état d'instruction du pays.

III

Pour entreprendre de pareilles recherches, il faut qu'un gouvernement soit profondément convaincu de l'utilité et des avantages de l'instruction générale pour une nation.

S'il reconnaît que la misère et l'abjection sont habituellement les compagnes de l'ignorance; s'il admet comme un fait que l'instruction populaire est la base la plus solide sur laquelle on peut établir le développement moral et politique d'un peuple : qu'il se mette résolûment à l'œuvre; qu'il n'hésite pas à pénétrer jusque dans les dernières couches de l'ordre social et à constater l'état d'ignorance profonde où languissent des millions de créatures humaines. Il reconnaîtra bientôt que cette ignorance est la principale cause à laquelle il faut attribuer les mauvaises passions qui agitent sourdement les classes inférieures, l'esprit de routine et la lenteur des progrès en toutes choses.

IV

On croit généralement que l'instruction primaire est le remède à cette triste situation, et les divers gouvernements qui se sont succédé depuis 1830 se sont fait un honneur de contribuer à son développement par la construction de maisons d'école, l'établissement d'écoles normales primaires et l'amélioration du sort des instituteurs.

On a déjà fait assurément beaucoup de choses utiles. Mais qui pourrait être satisfait de l'organisation en France de l'instruction primaire? La plupart des instituteurs français ont à peine le nécessaire pour vivre. Leur condition matérielle les place, dans les campagnes, au-dessous des plus petits cultivateurs et même des artisans. Leur position est non-seulement misérable, mais encore précaire. On peut les changer de résidence et les suspendre, les révoquer sans donner de motifs. Les agents inférieurs de l'autorité ont sur eux trop de prise et leur font quelquefois durement sentir leur dépendance. Un tel état de choses attiédit le zèle, hérisse de désagréments de toute sorte une carrière déjà ingrate par elle-même et inspire trop souvent le désir de la quitter. Dans ces conditions il est difficile que les écoles primaires réalisent tout le bien qu'on a droit d'attendre d'elles.

Si on veut en France une instruction primaire forte et au niveau des besoins du pays, il faut au plus tôt faire sortir les instituteurs de cette condition affligeante.

Une élévation convenable des traitements et une certaine indépendance, voilà les deux conditions auxquelles des jeunes gens d'une certaine valeur consentiront à entrer dans la carrière de l'enseignement primaire et à la suivre avec zèle et dévouement.

V

Il est certain que ce développement de l'instruction primaire dans les communes est un but que le gouvernement ne peut perdre un instant de vue, et qu'il doit chercher à atteindre par tous les moyens dont il peut disposer.

Mais, il faut aussi le reconnaître, les écoles primaires, même avec la meilleure organisation possible, ne peuvent répandre qu'une très-petite somme de connaissances dans le pays. S'il est vrai que dans les lycées et autres établissements d'enseignement secondaire, les jeunes gens acquièrent plutôt les moyens de s'instruire qu'ils ne s'instruisent effectivement, on peut dire à plus forte raison que les écoles primaires mettent entre les mains des enfants, par la lecture et l'écriture, les moyens d'arriver plus tard aux connaissances qui leur sont nécessaires plutôt qu'elles ne leur donnent ces connaissances. Elles ouvrent le sillon; elles y jettent bien peu de semences.

C'est après la sortie de l'école, quand l'esprit a reçu un certain degré de culture et qu'il a appris à connaître et à employer ces signes ingénieux qui constituent les langues écrites, c'est alors seulement que commence le développement sérieux des facultés intellectuelles et morales. En un mot, l'école prépare les esprits; mais l'instruction ne peut se développer que chez les adultes, quand ils ont pris rang dans la vie sociale.

VI

La France a trente-sept millions d'habitants. Voyons le degré d'instruction générale auquel ils sont parvenus jusqu'à présent.

Il résulte de la statistique militaire, dressée en 1857, que sur 310 289 jeunes gens maintenus sur les tableaux de recensement et sur les listes de tirage, il y en avait :

97 875	ne sachant ni lire ni écrire;
9 992	sachant lire seulement;
192 873	sachant lire et écrire;
9 549	dont on n'a pu vérifier l'instruction.
310 289	

C'est donc environ le tiers de ces jeunes gens qui n'avait point reçu l'instruction primaire.

La même année, 475 000 garçons sur 2 250 000 et 533 000 filles sur 2 593 000 ne fréquentaient pas les écoles.

Mais, malheureusement pour un grand nombre d'élèves inscrits, la fréquentation de l'école est presque stérile. La maladie des parents ou des enfants, la moisson, mille autres causes occasionnent des absences si fréquentes que le bénéfice de l'enseignement est entièrement perdu. La moitié au moins des enfants inscrits n'appartiennent à l'école que sur le papier.

Si l'on ajoute enfin que la plus grande partie des pères et mères sont nés dans un temps où il existait peu d'écoles, on ne s'écartera pas sensiblement de la réalité en posant comme un fait que le nombre d'hommes, de femmes et d'enfants qui savent lire et écrire en France ne dépasse pas de beaucoup la moitié de la population.

Mais si l'on demande maintenant combien dans cette moitié il y a d'individus qui utilisent cet admirable instrument de la lecture mis dès l'enfance entre leurs mains, et qui s'en servent pour étendre leurs connaissances et développer en eux le goût du vrai et le sentiment du beau et du bien, on sera bien obligé de répondre que l'instrument reste sans emploi et se rouille chez les neuf dixièmes au moins de ceux qui le possèdent, et qu'un dixième seulement, soit deux millions de Français au plus, en font réellement usage.

VII

Quelle plus belle tâche pourrait se proposer un gouvernement que celle de faire participer toute une population, ne fût-ce que dans des proportions très-inégales, à la jouissance de cette masse de connaissances que chaque génération contribue à grossir et qui est le plus précieux patrimoine du genre humain !

Il ne peut être question ici de former un peuple de lettrés ou de savants; mais, ce qui est possible et ce qui donnerait à la nation française une grandeur sans pareille, serait de faciliter à tout individu né en France, dans la mesure de ses besoins et de ses aptitudes, les moyens d'acquérir ces idées générales qui développent la vie morale, intellectuelle et politique, et mettent celui qui les possède en état de mieux comprendre et de mieux remplir ses devoirs d'homme et de citoyen.

VIII

La condition générale des classes inférieures en France est encore de vivre péniblement de leur labeur quotidien et de s'estimer heureuses quand elles parviennent à suffire aux besoins les plus rigoureux de leur existence. Elles ont le sentiment d'un état de choses meilleur et elles s'agitent quelquefois violemment pour y parvenir. C'est là le principe des révolutions sociales. C'est là la source des inquiétudes d'un grand nombre d'esprits sensés quand ils envisagent l'avenir. Il est évident qu'il s'est opéré depuis soixante ans un grand changement dans notre société. Le système ancien, qui déshéritait les masses au profit de quelques classes privilégiées est complétement ruiné. L'idée nouvelle s'est fortement établie, et il faut reconnaître que tout homme venant au monde a le droit de s'asseoir au banquet social. La tâche et le devoir du gouvernement sont aujourd'hui d'éclairer la population sur la valeur de ce droit. Les priviléges ont été abolis ; les obstacles qui enfermaient les classes inférieures dans des barrières infranchissables, ont été levés. Mais ces bienfaits de la législation nouvelle ne suffisent pas. Il faut éclairer les esprits et leur faire voir que le bien-être physique et moral ne peut être acquis, et que les droits sociaux et politiques ne peuvent être exercés qu'au moyen de l'instruction et du travail. L'instruction dont on parle ici ne se borne pas à quelques notions littéraires ou scientifiques ; elle comprend avant tout un ensemble de principes religieux et moraux suffisants pour diriger notre conduite dans la vie.

IX

Ces principes religieux et moraux, comment les fera-t-on pénétrer dans l'âme humaine? Il serait désirable que les ministres des différents cultes eussent assez d'autorité pour attirer la population entière à leur enseignement et que dans les familles l'exemple des pères et mères impressionnât assez vivement les enfants pour qu'ils sortissent de ces écoles domestiques tout formés pour le bien. Mais l'insuffisance actuelle de ces deux grands moyens d'instruction est notoire, et un gouvernement qui se préoccupe incessamment de l'amélioration physique et morale de la population dont le sort lui est confié, doit chercher avec persévérance tous les moyens de compléter l'action religieuse et paternelle.

Parmi ces moyens, le plus puissant est la diffusion de toutes les idées saines qui peuvent fortifier les bons instincts et étouffer dans leur germe les mauvaises passions.

X

Le gouvernement a compris depuis longtemps l'utilité de cette moralisation et de cette culture intellectuelle des masses.

Les ministères de l'intérieur et de l'instruction publique ont patronné et encouragé plusieurs entreprises de bibliothèques communales. Mais les résultats n'ont guère répondu à leur attente. D'abord personne n'ignore que ces entreprises sont en général de véritables spéculations sur les ressources communales. Les bons livres ne se commandent pas et ne se font pas à prix d'argent. La science même est insuffisante pour les produire. Ils naissent dans certaines circonstances et quand le besoin s'en fait sentir. Il se trouve alors des écrivains, quelquefois inconnus, qui comprennent vivement ce besoin, l'étudient sous toutes ses faces et produisent en silence l'œuvre destinée à le satisfaire. Au lieu de faire fabriquer hâtivement et par des plumes inexpérimentées un nombre quelconque de livres pour l'instruction du peuple, l'administration devrait faire rechercher avec soin ces œuvres écloses naturellement, qui se répandant toutes seules grâce à leur valeur réelle et à leur opportunité, ont obtenu sans bruit et sans effort la faveur populaire. Quelques volumes choisis chaque année parmi les publications qui ont la notoriété d'un grand succès, désignés avec un certain éclat à l'attention publique et répandus dans les écoles d'adultes dont on encouragerait ainsi le développement, contribueraient puissamment à la diffusion de l'instruction générale.

Les académies et les sociétés savantes ont également essayé de faire rédiger et même de publier par elles-mêmes des livres populaires. On sait les minces résultats de la publication entreprise en 1848 par l'Académie des sciences morales et politiques. Il ne suffit pas d'être un grand écrivain ou un savant pour écrire un ouvrage de cette nature. Il faut avoir la connaissance profonde des besoins des classes laborieuses pour leur présenter la nourriture intellectuelle qui leur convient. Un homme qui aura pu vivre au milieu des ouvriers et étudier leurs besoins sera souvent mieux préparé qu'un académicien pour écrire le livre qui doit être goûté par eux et développer leur instruction morale et politique.

XI

Les bons livres ne suffisent pas pour assurer le développement de l'instruction populaire. Le gouvernement ne peut atteindre ce but qu'en appelant le journalisme à son aide.

Il n'y a lieu d'établir ici aucune exception. Les journaux politiques doivent concourir à cette noble tâche aussi bien que ceux qui sont exclusivement consacrés aux sciences, aux lettres et à l'agriculture.

Que peut redouter le gouvernement? Armé comme il l'est de lois terribles pour la répression des moindres abus, ne doit-il pas contre-balancer et justifier ce pouvoir énorme par la liberté des publications? Un journal qui peut être suspendu ou supprimé après deux avertissements sans l'intervention des tribunaux, par l'autorité administrative, ne peut en vérité porter aucun ombrage au pouvoir.

Les paroles remarquables que l'Empereur a prononcées il y a quelques jours dans le conseil des ministres et qui ont été reproduites avec un immense effet devant le Corps législatif par son honorable président, retentissent encore dans le pays tout entier. Le Gouvernement est loin d'être satisfait de ce silence complet qui s'est fait dans la presse et dans les corps politiques. Il appelle lui-même sur ses actes la publicité et le contrôle. Il veut s'appuyer sur l'opinion publique; mais il ne peut y avoir de publicité réelle, ni de contrôle sérieux, ni d'opinion publique éclairée avec les entraves qui arrêtent en France la diffusion des livres et des journaux.

XII

Ces entraves sont les lois et règlements spéciaux concernant le commerce des livres et la vente des journaux, le timbre, les tarifs de la poste, et les refus d'autorisation.

Les uns compriment la librairie; les autres maintiennent le journalisme dans les limites les plus étroites.

XIII

Le commerce de la librairie n'est pas libre en France. L'Annuaire publié par le Cercle de la librairie et de l'imprimerie constate qu'il n'existait, en 1860, dans nos départements, que 4225 libraires, répartis de la manière suivante :

Dans les chefs-lieux de préfecture........	1761
Dans les chefs-lieux de sous-préfecture....	1108
Dans les chefs-lieux de canton...........	1393
Dans les communes rurales..............	165
Total...................	4225

L'administration avait accordé en outre quelques autorisations pour la vente ou la location des livres et un certain nombre de permis de colportage. Mais aucun document officiel ne fait connaître au public l'état de ces autorisations et de ces permis, dont le nombre est d'ailleurs fort restreint.

Si on envisage la librairie au point de vue de la production des livres, il est évident que le nombre de libraires indiqué ci-dessus est plus que suffisant. Mais si on le considère au point de vue purement commercial, il sera facile de démontrer qu'il est tout à fait au-dessous des besoins.

Il est bon de constater d'abord que le commerce de la librairie ne repose pas sur un de ces besoins impérieux qu'il faut satisfaire à tout prix et à un moment déterminé. A défaut d'un magasin de librairie établi dans la localité, la plus grande partie du public se passe de la marchandise. Ceux-là seulement qui en sentent vivement le besoin font les démarches et sacrifices nécessaires pour se la procurer à tout prix. Le désir d'acheter un livre ne naît en général que quand on l'a sous les yeux, qu'on peut le feuilleter et en entrevoir le contenu. La publicité des annonces ne produit qu'un mince effet en comparaison des résultats d'un étalage permanent. Il serait donc du plus haut intérêt, je ne dis pas seulement pour le commerce de la librairie, mais pour l'instruction populaire, que le nombre des libraires fût au moins décuplé, ou, en d'autres termes, qu'il y eût au moins un dépôt de livres dans chaque commune.

L'administration n'a pas besoin de délivrer, à cet effet, 40 000 brevets. Si elle ne veut pas donner une entière liberté au commerce des livres, il suffit qu'elle accorde à tout homme de bonnes vie et mœurs l'autorisation de tenir soit un commerce spécial de cette marchandise, soit d'ajouter accessoirement cette branche à un commerce d'une autre nature. Les brevets seraient réservés aux éditeurs exclusivement.

XIV

La liberté, fût-elle entière, ne suffirait pas pour assurer le développement complet de ce commerce si important. Les tarifs postaux sont un obstacle insurmontable à la circulation des livres.

Pendant bien des années encore, le paysan ou l'artisan qui vivent à peine de leurs salaires journaliers ne comprendront guère qu'il leur soit permis de distraire une part quelque peu notable du produit de leur travail pour l'acquisition d'un livre ou d'un journal. Quelques petits ouvrages très-variés et d'un bon marché extrême, quelques publications périodiques mensuelles ou hebdomadaires à très-bas prix, voilà les imprimés que la librairie peut d'abord faire pénétrer jusqu'au foyer des cultivateurs et des artisans.

Ni les chemins de fer, ni les entreprises de voiture qui existent encore aujourd'hui ne sont organisés pour faire le transport de colis aussi minimes. A les prendre dans leur ensemble, les livres et les numéros de journaux qui pourraient être vendus dans les communes rurales formeraient une masse énorme. Mais distribués au fur et à mesure des besoins entre 37000 localités environ, dont la plupart n'ont que des communications irrégulières avec les chefs-lieux d'arrondissement et de canton, ils ne peuvent donner lieu qu'à des envois d'un poids inférieur en moyenne à cinq cents grammes. La voie des chemins de fer ou autres voitures serait donc ou impraticable ou trop onéreuse.

En outre, certaines publications, et notamment celles qui sont périodiques, demandent à arriver à destination promptement et à jour fixe.

Enfin, les lois et règlements qui concernent le transport des imprimés ne permettent pas au-dessous d'un kilogramme la libre circulation des feuilles périodiques non politiques et en réservent par privilége le transport à l'administration des postes.

C'est donc cette administration qui, à tous les titres, doit dans ces circonstances être intermédiaire entre les éditeurs et le public.

L'honorable directeur général qui est chargé aujourd'hui de l'administration des postes a plus d'une fois déjà provoqué des mesures libérales dont la librairie française ressent les heureux effets et dont elle lui garde une profonde reconnaissance. Il n'ignore pas ce qui reste à faire. La réforme n'est encore que partielle. Le service de la poste a été considérablement étendu; des diminutions de tarifs ont été accordées. Mais on n'a pas encore songé à ces millions d'individus qui n'écrivent ni ne reçoivent aucune lettre, qui n'envoient ni n'attendent aucune de ces valeurs ou de ces échantillons de marchandises dont on peut charger aujourd'hui les correspondances. Le moment est venu de faire quelque chose, ou pour mieux dire de faire beaucoup pour eux. Il faut que la poste se charge de leur apporter au plus bas prix possible l'instruction religieuse, morale, politique et industrielle. Nous ne demandons pas à l'administration de prendre l'initiative d'une mesure extraordinaire. Nous désirons seulement qu'elle suive l'exemple donné par la Belgique et adopte les tarifs de nos voisins. En Belgique, l'affranchissement des journaux est d'un centime par numéro, suppléments compris. Les livres circulent également dans tout le royaume au prix d'un centime la feuille, quelle qu'en soit la dimension.

Ces tarifs ne laissent sans doute pas un boni considérable au chapitre du budget afférent au service de la poste belge, mais le gouvernement belge s'est peu préoccupé du côté fiscal de la question. Il s'est placé à un point de vue supérieur; il n'a envisagé dans le monopole dont il était investi que le moyen de civiliser et d'éclairer de plus en plus la population dont la destinée lui est confiée.

Pourquoi le gouvernement français resterait-il au-dessous d'un pays voisin? Pourquoi le prix d'affranchissement des livres et des journaux, au lieu d'être un impôt et une entrave, ne serait-il pas limité à la stricte rémunération du service postal? Quand un numéro de journal, quels que soient son poids ou sa dimension, viendra au prix d'un centime apporter aux ouvriers des villes et des campagnes la matière d'une lecture utile ou attrayante pour une semaine et même pour un mois entier; quand l'affranchissement d'un livre ne coûtera également qu'un centime pour chaque feuille d'impression, qui pourrait refuser l'instruction et le plaisir offerts à si bas prix? Un gouvernement qui repose sur le suffrage universel, ne peut laisser échapper une pareille occasion de popularité, sans compter que le fisc reprendrait d'une main ce qu'il donnerait de l'autre, puisque la consommation s'accroissant, les droits qu'il perçoit directement ou indirectement sur la fabrication et le commerce des livres et des journaux s'augmenteraient en proportion.

XV

Les restrictions apportées au commerce de la librairie sont fondées sur la nécessité de la surveillance; mais on peut affirmer qu'elles ont plutôt favorisé qu'empêché la publication et la circulation clandestine des brochures politiques ou des ouvrages immoraux. Elles ont fait naître le colportage, c'est-à-dire le commerce le moins régulier, le plus difficile à surveiller. Où retrouver le colporteur qui n'a laissé dans une commune d'autre trace de son passage que quelques volumes licencieux ou impies? Au contraire, il est presque impossible que le libraire sédentaire dans une commune, sous l'œil vigilant de toutes les autorités et des pères de familles, veuille jamais s'exposer aux rigueurs d'une condamnation pour le mince bénéfice qui résulterait de la vente de quelques mauvais livres ou de quelque journal prohibe. La liberté du commerce de la librairie serait un bienfait quand elle n'aurait d'autre effet que de supprimer en grande partie le colportage.

XVI

Il faut s'expliquer ici sur les avantages et les inconvénients du timbre des journaux.

La perception d'un impôt de quelques millions sur les entreprises de journaux n'a jamais été considérée comme une ressource naturelle du budget. Il faut le dire, c'est une entrave apportée législativement à l'essor de la presse périodique.

Lorsque la vie politique en France était limitée à une partie très-restreinte des classes élevées, cette mesure pouvait ne présenter que de faibles inconvénients. Mais peut-on dire qu'il en soit de même sous un régime où des droits politiques si importants sont conférés à tous les citoyens sans exception ? Le devoir du gouvernement au contraire est de lever tous les obstacles qui peuvent arrêter l'instruction générale du pays.

Les journaux politiques qu'on essaye de fonder ne peuvent se développer qu'à la faveur d'une distribution gratuite considérable de numéros pendant plusieurs années, et ils périssent presque tous après quelques mois d'existence sous la charge du timbre.

Au moment où l'on rend à la presse la publicité des débats politiques et où l'on met les journaux dans l'obligation de choisir entre le silence et la reproduction complète, n'est-il pas équitable de compenser le surcroît de dépense par l'abaissement des frais de poste et la suppression du timbre? La connaissance des affaires et des intérêts généraux du pays ne peut pénétrer jusqu'aux dernières classes sociales qu'à la condition du bon marché poussé aux dernières limites.

Il importe en outre au gouvernement et au public qu'il s'établisse dans le pays un nombre d'organes suffisant pour représenter tous les intérêts légitimes et toutes les idées utiles. La presse périodique ne peut satisfaire tous les besoins de l'esprit humain qu'à la condition de prendre mille formes diverses. Dans cette immense variété d'opinions qui se combattent sans cesse, la vérité et la justice finissent bientôt par se faire jour.

XVII

On ne peut nier que les hommes qui sont appelés par leur talent ou leur profession à répandre l'instruction générale dans le pays par la publication des journaux et des livres n'ont pas toujours compris les devoirs de leur mission. Le bon et le mauvais ont été souvent mêlés dans la propagande des idées et des livres; et la sévérité des législateurs a été justifiée à certains égards.

Mais il faut choisir entre l'ignorance et l'instruction populaire, et peser les dangers de l'une avec les avantages de l'autre.

La question est de savoir si à tout prendre un peuple

éclairé vaut mieux ou moins qu'un peuple ignorant; si des droits politiques et sociaux redoutables peuvent être maintenus entre des mains incapables, ou si l'instruction populaire doit être élevée au niveau de ces droits.

Le mélange du bien et du mal se retrouve en toutes choses, dans les diverses formes de gouvernement, dans les conditions sociales, dans les qualités même de notre corps et de notre esprit. Pourquoi n'en serait-il pas de même en matière de civilisation? Ce qui est essentiel, c'est qu'en définitive la somme du bien l'emporte sur le mal. Aucun bon esprit ne peut admettre un seul instant que si tout le monde est à l'œuvre avec une égale liberté sous la protection des lois répressives, les idées perturbatrices, les doctrines immorales l'emporteront sur la noble et légitime propagande des idées morales et des vérités scientifiques. Les lois dont le gouvernement est armé, sa vigilance, et, il faut le dire aussi, la force toute-puissante dans notre pays de l'opinion publique suffisent pour ôter tout prétexte à la crainte.

La libre diffusion des livres et des journaux sous la surveillance de l'État et de la magistrature, voilà le seul moyen d'éclairer et de moraliser les populations.

XVIII

Les pages qui précèdent peuvent se resumer en quelques lignes.

Les classes populaires sont ignorantes en France, et

cette ignorance nuit au développement de leurs facultés morales et intellectuelles. Elles sont incapables d'exercer avec le discernement nécessaire les droits politiques qui leur ont été conférés.

L'enseignement primaire est insuffisant pour élever convenablement le niveau de l'instruction générale. Il prépare les esprits, mais ne les forme pas. Il leur donne les moyens de s'instruire, mais ne les instruit pas.

Les connaissances indispensables à tout homme appelé à la pratique intelligente d'une profession et à l'exercice de droits civils et politiques importants ne peuvent s'acquérir qu'après la sortie des écoles, par des lectures volontaires.

Deux obstacles insurmontables s'opposent à la diffusion des livres et des publications périodiques : d'abord les lois et règlements qui limitent au gré du pouvoir administratif le nombre des brevets de libraire, et des autorisations de journaux ; et ensuite l'élévation des tarifs postaux en ce qui concerne le transport des imprimés et des feuilles périodiques.

Si le gouvernement consentait à déclarer libre le commerce de la librairie, et à accorder largement des autorisations de journaux ; s'il abaissait les tarifs postaux au niveau des tarifs belges, à savoir, un centime pour chaque numéro de journal y compris les suppléments et pour chaque feuille imprimée, quels qu'en soient le poids ou la dimension ; s'il supprimait l'impôt du timbre pour les journaux et les brochures politiques, il donnerait une immense impulsion à la librairie française ; il assurerait le prompt développement de l'instruction populaire en France ; il élèverait le niveau intellectuel du pays et par suite aussi son niveau moral.

Voici des chiffres significatifs que nous voudrions voir écrits en gros caractères dans les écoles, les caisses d'épargne et les mairies :

« SUR MILLE ACCUSÉS JUGÉS CONTRADICTOIREMENT EN 1857, ANNÉE QUI A DONNÉ LIEU A LA DERNIÈRE STATISTIQUE CRIMINELLE, SEPT CENT QUATRE-VINGT-SIX ÉTAIENT COMPLÉTEMENT ILLETTRÉS OU SAVAIENT SEULEMENT LIRE ET ÉCRIRE IMPARFAITEMENT. »

Paris, le 10 février 1861.

PARIS. — IMPRIMERIE DE CH. LAHURE ET Cie
Rues de Fleurus, 9, et de l'Ouest, 21

www.ingramcontent.com/pod-product-compliance
Lightning Source LLC
LaVergne TN
LVHW020255230826
846091LV00006B/2422

* 9 7 8 2 0 1 3 4 4 8 0 3 1 *